¡Animales bebés en la naturaleza!

Cachorros de tigre en la naturaleza

por Marie Brandle

Ideas para padres y maestros

Bullfrog Books permite a los niños practicar la lectura de textos informativos desde el nivel principiante. Las repeticiones, palabras conocidas y descripciones en las imágenes ayudan a los lectores principiantes.

Antes de leer

• Hablen acerca de las fotografías. ¿Qué representan para ellos?

• Consulten juntos el glosario de las fotografías. Lean las palabras y hablen de ellas.

Durante la lectura

• Hojeen el libro y observen las fotografías. Deje que el niño haga preguntas. Muestre las descripciones en las imágenes.

• Léale el libro al niño o deje que él o ella lo lea independientemente.

Después de leer

• Anime al niño para que piense más. Pregúntele: Los cachorros de tigre tienen rayas. ¿Puedes nombrar otros animales que tienen rayas?

Bullfrog Books are published by Jump!
5357 Penn Avenue South
Minneapolis, MN 55419
www.jumplibrary.com

Library of Congress Cataloging-in-Publication Data

Names: Brandle, Marie, 1989– author.
Title: Cachorros de tigre en la naturaleza / por Marie Brandle.
Other titles: Tiger cubs in the wild. Spanish
Description: Minneapolis, MN: Jump!, Inc., [2023]
Series: ¡animales bebés en la naturaleza!
Includes index. | Audience: Ages 5–8
Identifiers: LCCN 2022033872 (print)
LCCN 2022033873 (ebook)
ISBN 9798885242219 (hardcover)
ISBN 9798885242226 (paperback)
ISBN 9798885242233 (ebook)
Subjects: LCSH: Tiger—Infancy—Juvenile literature.
Classification: LCC QL737.C23 B72485 2023 (print)
LCC QL737.C23 (ebook)
DDC 599.756—dc23/eng/20220722

Editor: Eliza Leahy
Designer: Molly Ballanger
Translator: Annette Granat

Photo Credits: Mark Malkinson/Alamy, cover; Eric Isselee/Shutterstock, 1, 3, 22, 24; Juniors Bildarchiv/SuperStock, 4, 23bl; PhotoCrimea/Shutterstock, 5; Andrew Porter/Getty, 6–7; blickwinkel/Alamy, 8–9, 23tl; Gannet77/iStock, 10; Julian W/Shutterstock, 11; Girish Menon/Shutterstock, 12–13; Ronald Wittek/Getty, 14–15, 23br; PhotocechCZ/Shutterstock, 16; Ingo Arndt/Minden Pictures/SuperStock, 17; Nature Picture Library/SuperStock, 18–19; powerofforever/iStock, 19, 23tr; Marion Vollborn/ BIA/Minden Pictures/SuperStock, 20–21.

Printed in the United States of America at Corporate Graphics in North Mankato, Minnesota.

Tabla de contenido

Rayas negras

¡Han nacido cachorros de tigre!

Ellos beben la leche de mamá.

Crecen.

¡Aprenden a caminar!

raya

Mamá los acicala.

Ellos tienen el pelaje anaranjado.

Este tiene rayas negras.

Mamá caza.

Ella trae carne para los cachorros.

¡Ellos comen!

carne

Sus rayas los ayudan
a esconderse.

Ellos aprenden a cazar.

Ellos practican.

¿Cómo?

Juegan.

¡Se abalanzan!

Se trepan.

garra

Sus afiladas garras los ayudan.

El bosque pluvial
es caliente.

Los cachorros nadan.

Se refrescan.

bosque
pluvial

Ellos crecen.

Vivirán por su cuenta.

Las partes de un cachorro de tigre

¿Cuáles son las partes de un cachorro de tigre?
¡Échales un vistazo!

oreja

pelaje

nariz

boca

cola

pata

garra

Glosario de fotografías

acicala
Limpia.

bosque pluvial
Un espeso bosque tropical
adonde cae mucha lluvia.

cachorros
Tigres jóvenes.

se abalanzan
Saltan hacia adelante y
agarran algo de repente.

Índice

Para aprender más

FACT SURFER

Aprender más es tan fácil como contar de 1 a 3.

❶ Visita www.factsurfer.com

❷ Escribe "cachorrosdetigre" en la caja de búsqueda.

❸ Elige tu libro para ver una lista de sitios web.